JUGEND
GEBETBUCH

JUGEND GEBETBUCH

BERNHARD SILL
REINHARD KÜRZINGER
ANSELM SPRING

PATTLOCH

INHALT

Vorwort

Es gibt Dinge, die gelingen einem geistlichen Mentor und einem Professor nicht alle Tage – so etwa das Ding, dass StudentInnen sich dafür begeistern lassen, ein Gebetbuch zu erarbeiten. So waren wir – REINHARD KÜRZINGER als geistlicher Mentor und BERNHARD SILL als Professor für Moraltheologie – froh und glücklich darüber, im Sommersemester 2000 zum ersten Mal an der Fakultät für Religionspädagogik/Kirchliche Bildungsarbeit der Katholischen Universität Eichstätt-Ingolstadt ein Seminar zum Thema »Die Kunst des Betens« durchführen zu können.

Die Arbeit des Seminars mündete in einen Workshop. Die Studierenden, die daran teilnahmen, hatten den Plan gefasst und sich als Ziel gesetzt, ein Gebetbuch zu erstellen, aus dem sie selbst gern beten würden. Leitidee war, darin nur Gebete zu veröffentlichen, die sie selbst verfasst hatten. Gesagt, getan: Bald war das Gebetbuch tatsächlich fertig, das die damaligen SeminarteilnehmerInnen ursprünglich nur für sich selbst erarbeiten wollten.

Im Rahmen weiterer Seminare zu diesem Thema mit anderen StudentInnen entstanden zusätzliche Gebete, die bei uns eingereicht wurden und Themen zur Sprache bringen, die nicht nur junge StudentInnen, sondern auch jüngere Jugendliche bewegen und sie dazu anregen wollen, ihr Verhältnis zu

Gott, zu ihren Mitmenschen und nicht zuletzt zu sich selbst zu überdenken.

Erfreulicherweise hat sich der Pattloch Verlag bereit erklärt, die besten Gebete im vorliegenden Jugendgebetbuch zu publizieren und mit ausdrucksstarken und jugendgerechten Bildern des bekannten Fotografen ANSELM SPRING zu kombinieren. Dafür haben wir herzlich zu danken. Bei Herrn Hans-Peter Lembeck, dem für das Jugendgebetbuch zuständigen Lektor des Pattloch Verlags, wussten wir uns stets in guten Händen. Auch ihm herzlichen Dank!

Unser größter Dank jedoch gebührt den StudentInnen der Fakultät für Religionspädagogik / Kirchliche Bildungsarbeit der Katholischen Universität Eichstätt-Ingolstadt. Sie haben sich im »Herz-Werk« (RAINER MARIA RILKE) des Betens geübt, und so sind Gebete entstanden, die von Herzen kommen und darum wohl auch zu Herzen gehen.

Die Gebete dieses Jugendgebetbuches verstehen sich darum ebenso als Gebete zum Nach-Beten wie als Gebete zum Weiter-Beten – immer jedoch als Gebete, die das Herz Gottes erreichen wollen, das stets bereit ist, sich erreichen zu lassen.

Im Februar 2005

REINHARD KÜRZINGER
Dr. BERNHARD SILL

Wieder und wieder
nimmst Du mich an der Hand,
führst mich an einen anderen Ort
in mir selbst,
hin zu Dir,
und lässt mich dort zurück.

Wieder und wieder
ziehst Du mich hinaus
aus mir,
aus Dir?,
und lässt mich liegen,
ganz außer mir, im Freien.

Wieder und wieder ziehe ich mich zurück
ins Planhaus meiner Gewohnheit
und vergesse
Deine Außergewöhnlichkeit
in mir.

ANDREAS SCHREIB

Tränen

GOTT

wenn ich

mit dir sprechen darf

werden alle tränen zu worten

ich höre meine stimme

ich bete und atme
werde im gebet ich selbst

PHILIPPA KALKBRENNER

Worte

Eucharistiegebet

Du in unsrer Mitte,
gegenwärtig und da,
in unsere Hand gegeben.

Liebe geht durch den Magen.
Liebe, die nährt,
einander nähert,
uns nahe kommt.

Du in uns
handelnd – verwandelnd.
Du Gott in uns – in mir.

ELKE UHL

Liebe, die nährt

SAFETY
FEB
CALIFORNIA
CA 93

Mein Vater,
ich erhebe meine Hände zu Dir.
Drücke mein Herz an das Deine,
dass es Deine Nähe spürt,
was immer ich tue.
Du überströmst mich mit zärtlicher Liebe.
Ich ergebe mich Dir –
ich überlasse mich Dir –
ich biete mich Dir an –
ich bete Dich an
und danke Dir, mein Vater,
Denn groß bist Du –
groß und hocherhaben in Ewigkeit.

ISABELLE STABLO

Herz

Du Wasser des ewigen Lebens

Sprudle in mir
wie eine erfrischende Quelle

die das Leuchten
meiner Augen
klar macht wie Kristall

die meinen Blick schärft
für das Wesentliche

Du Wasser
des ewigen Lebens

stille meinen Durst

Wasser

CHRISTIAN HIES

U.S.

Vater,
berge meine Gefühle in Deinen Händen.
Was gut ist und gut tut, lass sich weiterentwickeln.
Was dem Leben schadet, nimm von mir.
Du liebender Gott,
Du Gott des Lebens,
Du heilender Gott.

ISABELLE STABLO

Du
heilender
Gott

Du kennst mich

Du kennst mich bei meinem Namen!

Den kennen viele – aber da weiß man nicht viel,
es wäre auch Sophie oder Angela möglich.

EGAL
Es sind nur Buchstaben.
Du aber kennst mehr.
Du kennst mein Innerstes und mein Äußerstes,
Du kennst meine Gedanken,
Du kennst meine Zweifel.
Was soll ich von mir sagen?
Kennst mich ja!

CORINNA FAHNROTH

PARA

DISE

Mein Weg

Herr,
manchmal fällt es mir schwer,
meinen Weg zu gehen und zu sein, wie ich bin.
Oft versuche ich herauszufinden,
wie andere mich gerne hätten.
Ich setze vieles ein,
täusche manches vor
und gebe mich dabei auf.

Herr,
ich bitte Dich,
lass mich erkennen,
dass ich einzigartig gedacht und von Dir gewollt bin –
so wie Du mich geschaffen hast.

Herr,
ich danke Dir für die Menschen,
die mich trotz meiner Schwächen und Fehler annehmen
und mir mit Achtung entgegentreten.
Sie helfen mir dabei zu lernen,
mich Stück um Stück annehmen zu können.

KATRIN KOLLER

LARAINE DAY

Du Gott des Lichtes.
Der Du Licht und Schatten kennst.
Höre des Schattens Stimme.

Ich bin die Schuld. Flüstert der Erste.
Ungesühnt, unversöhnt, unbekannt,
unerkannt, unbereut.
Ich bin schuldig – geworden, gewesen, gemacht an dir,
an mir, am Leben, am Tod.

Ich bin die Angst. Gesteht der Zweite.
Verborgen, verdrängt, unterdrückt, unterdrückend,
sich schämend, beschämt.
Ich habe Angst vor dem Leben, vor dem Tod, Leben
verhindernd, lebenshinderlich.

Ich bin die Not. Spricht betrübt der Dritte.
Menschen oft näher als das täglich Brot. Mit vielen
Gesichtern: Erdbeben, kriegerische Auseinanderset-
zungen, Slums, Obdachlosigkeit, Arbeitslosigkeit.
Ich werde geächtet, verächtlich betrachtet.

Ich bin die Einsamkeit. Meldet sich der Vierte.
Krank, alt, ungeliebt geworden.
Ich lebe am Rand und führe dorthin. An den Rand der
Gesellschaft und des Lebens.

Ich bin der Hass. Grollt der Fünfte.
Wütend, die Liebe störend, zerstörend,
selbstzerstörend.
Mir selbst verhasst.

Ich bin der Tod. Sagt der Letzte selbstbewusst.
Verunsichernd, erschreckend, nehmend, einnehmend,
gewiss, unausweichlich, ehrlich, ungerecht.
Ich komme zu früh, zeitig.
Ich bin das Letzte, der Letzte, das Ende oder ...

Gott, lass uns heraustreten
aus diesen Schatten in Dein Licht,
Licht, das der Schuld Deine Vergebung
und Deine Barmherzigkeit verspricht,
der Angst Deine Nähe und Dein Dasein zusichert,
der Not helfende Menschen zur Seite stellt,
der Einsamkeit Gemeinschaft mit Dir beigesellt,
dem Hass Deine verwandelnde Liebe spendet,
dem Tod den Anfang des Lebens in und mit Dir verheißt.

ELKE UHL

Das Schattengebet

JESUS
IS OUR
LORD

Herr, höre mein Gebet!
Gott, zeig Dich mir, damit ich weiß,
ob Du da bist.
Vor lauter Angst kann ich nicht mehr essen
und nicht mehr schlafen.
Keiner meiner Mitmenschen kann mich verstehen.
Es gibt keine Minute, in der ich nicht traurig bin.

Gott, wo bist Du?

Du hast gesagt, Du verlässt mich nicht,
aber wo bist Du jetzt? Ich brauche Dich.

Psalm

Meine Tage plätschern dahin.
Du aber, Gott, wirst immer sein, für alle Ewigkeit.
Du schenkst mir Dein Erbarmen und Deine Liebe.
Du wirst mich aufrichten, wenn ich falle.
Du wirst Dich den Verlassenen zuwenden,
wenn sie Dich darum bitten.
Lass meine Angst vergehen
und Fröhlichkeit zurückkehren.
Du bleibst, der Du bist, und das in Ewigkeit.
Lass mich versuchen, meinen Weg zu gehen!
Leg Deine Hand auf mich!
Amen.

YVONNE LANDEFELD

Unter Deinem Blick

Unter Deinem Blick
dem liebenden
frei werden und atmen

Unter Deinem Blick
dem schützenden
lassen können und vertrauen

Unter Deinem Blick
dem zärtlichen
Wärme spüren und geben

Unter Deinem Blick
dem wahrhaftigen
heil werden und wagen

Unter Deinem Blick
mich stellen
der Herausforderung dieses Augenblicks
und leben

VERONIKA PABST

Luise

Jede einzelne Träne mündet in Deine Fülle,
Du sorgst Dich auch um jene,
die verzweifelt fragen:
»Ist das Gottes Wille?«
Du lässt niemanden fallen,
auch wenn wir Dich nicht sehen.
Wir müssen uns nicht verstellen.
Du akzeptierst uns so, wie wir sind.
Wir müssen nicht verzweifeln.
Für Dich ist nichts zu schwierig,

Du lässt uns niemals allein,

Du führst uns durch alle Not.

CORNELIA OISCHINGER

Du lässt uns
niemals allein

Maria, Du große Frau,
klein und unscheinbar, jung und unerfahren;
Gott hat Dich berufen, jedoch braucht er Dein Ja.
Der Himmel hält den Atem an,
als Du zum Engel Gabriel Dein
»mir geschehe, wie Du gesagt« sprichst.

Du verlässt Deinen Weg, setzt alles aufs Spiel.
Du stellst Dich hart in den Wind,
setzt Dich dem Gespött der Leute aus,
den unangenehmen Fragen Deiner Freunde,
den enttäuschten Blicken Deiner Familie.

Deine große Aufgabe war es nicht nur,
ein Kind zur Welt zu bringen.
Deine Aufgabe war größer.
Du bist mit diesem Kind durch dick und dünn gegangen.
Du bist Deinem Ja treu geblieben.

Du kannst mir Vorbild sein.
Ich will sein wie Du,
ein kleines Stück Dir ähnlich werden:
stark und würdig, schlicht und mild.

STEPHANIE RAMER

Anlieger
frei

Dein Atem in meinem Nacken

Dein Geist weht
wirbelt auf
braust hinweg
unfassbar
unbegreifbar
Windhauch
Brise
Abendwind
Sturmflut
nicht haltbar
oft nicht gespürt
weil wir uns verstecken
eingemauert in Häusern
die Fenster verschlossen aus Angst
etwas von uns könnte
weggeweht werden

Nur manchmal
wenn Du mir auf den Fersen bist
kann ich ihn spüren
Deinen Atem in meinem Nacken

SIMONE KAMMERMEIER

Vater,

Deine Hände laden mich ein:

Komm!

Deine Hände lassen mich spüren:

Fürchte Dich nicht!

Deine Hände schenken mir die Gewissheit:

Ich liebe Dich.

Vater,

in Deine Hände lege ich

mein kleines Leben.

Deine Hände

lassen mich nicht mehr los.

Danke

für Deine guten, zärtlichen Hände,

Du Liebe-Gott!

Deine Hände

CHRISTINE ROTH

ARKET

Das Mahl der Sünder – Mt 9, 9-13

Jesus, die Sünder können aufatmen,
die Armen können lachen
in Deiner Nähe.
In dieser Runde finde ich mich wieder.
Du bist voll Güte und Herzenswärme unter denen,
die gescheitert sind.

Du versenkst meine Schwachheit

in Deinem Erbarmen.

ELISABETH HANDSCHUH

Erbarmen

Dein Geschöpf

Welche Ehre, mein Gott,
Dein Geschöpf zu sein,
zu denken, zu handeln,
zu sprechen, zu fühlen.
Und dabei über Deine Herrlichkeit
philosophieren zu können.
Ein kleines Sandkorn des Sandstrandes Deines Wesens
habe ich ergründet,
und doch fehlen mir
noch einige Millionen.

BARBARA BERNDT

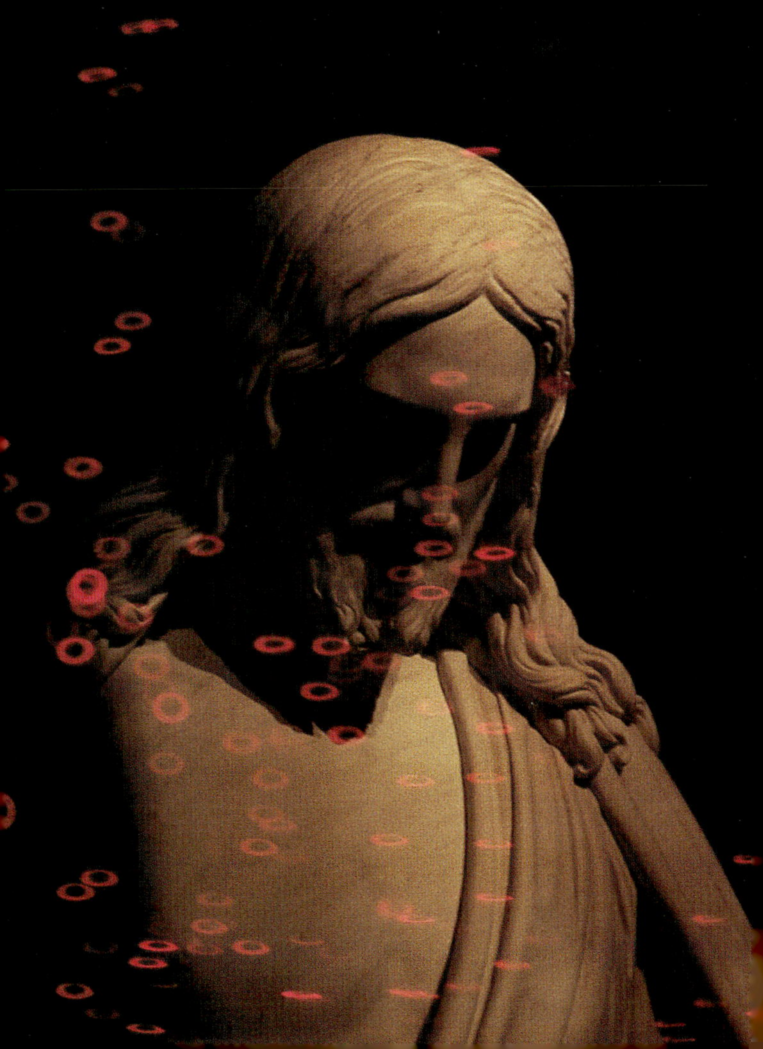

Der Herr hat's genommen

Was bist Du nur für ein Gott?

Einer, der alles hört?
Einer, der alles sieht?

Mit blinden Ohren und tauben Augen?

Hast Du ein Herz?

Hörst Du mich rufen?
Hörst Du mich schweigen?

Denn mir ist meine Sprache abhanden gekommen.
Ich öffne meinen Mund, Lippen bewegen sich lautlos,
stumme Worte strömen ziellos umher.
Ich kann Dich nicht mehr erkennen
zwischen all den Wolken.
Glasig und verquollen sind meine Augen.
Nebel hat Quartier in meinem Herzen bezogen.

Wo bist Du nur?
In Deiner Welt?

Ich will Dich wieder spüren
nicht nur in der Kammer meines Herzens,
deren Türe nur noch an einer Angel hängt.

Sag es mir doch!
Antworte mir!
Nur ein Wort auf meine Fragen.

Bitte,
die kein Betteln ist.

Schrei stumm laut lang
Schrei stumm laut
Schrei stumm
Schrei!

Schrei

MICHAEL DOMES

Geist Gottes, wir suchen Dich
in der Einsamkeit.
In die Stille hinein rufen wir Deinen Namen.
Du gibst keine Antwort.
Bist Du nur ein flüchtiger Schatten,
ein Geist wie die vielen Geister, die Zeitgeister?
Hast Du Dich davongeschlichen?
Vielleicht sind wir auf der Flucht vor Dir,
einem zeitweise unbequemen Geist,
der uns keine Ruhe lässt.

Zwischen Himmel und Erde

Geist Gottes, wir suchen Dich,
der Du Himmel und Erde verbindest,
Gott und Mensch.
Du bist die Brücke.
Durch Dich wird Begegnung möglich.
Bring Du uns in die Nähe Gottes,
uns Gott nahe!

Geist Gottes, lass Dich finden!

ELKE UHL

träume

auch wenn ich schlafe

träume ich

hoffe ich

liegt meine seele wach

nicht einmal ich weiß, was sie redet

Du allein

GOTT

hörst

mein stummes nachtgebet

PHILIPPA KALKBRENNER

verlassen

Karfreitag

Wir werden nie verlieren
Weil Du verloren hast
Für alle
Dein nacktes Leben

Wir werden nie verlassen
Weil Du
Von allen guten Geistern verlassen wurdest
Der Verlassenste von allen

Wir werden fallen
Abgrundtief
Wir werden auferstehen aus allen Tiefen

Wie Du

PHILIPPA KALKBRENNER

YOUR IDOL

Nachfolge

Auf Deinen Spuren
Herr

bildet mein Lebensweg

die Zielgerade
zur Ewigkeit

CHRISTIAN HIES

Nachfolge

Vielleicht zählt nur,
dass Du, Jesus,
Du, Vater,
Du, Heiliger Geist,
mich so liebst, wie ich bin.
Vielleicht ist nur eins wichtig:
das **SICH-FALLEN-LASSEN** in Deine Arme,
abgrundtiefes Vertrauen darauf,
dass Du mich verwandeln wirst.
Wichtig ist mein JA dazu,
egal, wann, wie Du es tun wirst.
Deinen Weg für mich
gehen.

CHRISTINE ROTH

Deine Arme

Maria, heilige Maria, Santa Maria, Mother of God,
in allen Sprachen bist Du den Menschen
Schwester im Glauben geworden.

In Dir hat sich Gott unwiderruflich
mit uns Menschen verbunden.

Holy Mary,
Dir sind auch Schwierigkeiten nicht erspart geblieben.
Pray for us sinners.
Ja, das würde nicht schaden,
denn wir sind oft so weit weg
von einem Ja zu den Plänen Gottes,
wie Du es gesprochen hast.
Sei uns ein Vorbild in Deiner Offenheit.
Sei uns ein gottgesandter Trost
in den Wirren des Lebens.
Now and at the hour of our death.
Amen.

Trost

PIA FOIERL

Gott, welchen Sinn hat mein Beten?
Ist es nicht sinnlos?
»Besinne dich auf uns!«, sagten meine Sinne.
Und lass uns statt deiner betend zu Gott treten.
Öffne uns! So begannen sie gemeinsam.
Öffne uns für Deine Gegenwart, Dein Wort, Dein Wirken!
Öffne uns füreinander!

Das Auge sprach zu Gott:
Herr, mach mich sehend,
damit ich die Schönheit der Schöpfung sehe.
Und damit ich Dich hinter den Dingen meines Lebens erkenne.
Hilf mir, recht wahrzunehmen – meine Gaben und Aufgaben!
Im Umgang mit Menschen – ihren Fragen, Ängsten und Nöten
gib mir die nötige Umsicht!
Nachsicht bei der Begegnung mit Sünde und Schuld.
Einsicht, dass auch ich nicht schuldlos bin und
Deiner Entschuldigung – Entschuldung bedarf.

Das Ohr sprach zu Gott:
Herr, mach mich hörend, damit ich Deine leise,
unscheinbare Stimme aus den vielen lauten Stimmen
heraushöre und hinhöre auf Dein Wort.
Lass mich nicht weghören, sondern hellhörig werden,

wenn Ungerechtigkeit und Gewalt schreiend flüstern!
Hilf meiner Taubheit Dir, mir und anderen gegenüber!
Gib mir ein Gehör, das die feinen Zwischentöne
des Zwischenmenschlichen zu vernehmen vermag!

Die Nase sprach zu Gott:
Herr, mach mich riechend,damit ich den Wohlgeruch
der Liebe und des Wohlwollens wahrnehmen kann.
Lass mich auch mit Dingen und Menschen umgehen können,
die ich nicht riechen kann!
Gib mir den richtigen Riecher in meinen
Begegnungen und Beziehungen!
Öffne mich auch für den Gestank des Unrechts,
der Unterdrückung!

Die Hand sprach zu Gott:
Herr, gib mir Tastsinn, damit mich Dein Wort anrührt.
Lass mich von der Not der Menschen berührt sein!
Gib mir Feinfühligkeit und Offenheit,
damit ich keine Angst habe, mir die Finger dreckig zu machen!
Für meine Gespräche schenke mir
das rechte Fingerspitzengefühl!
Hilf mir, mich in Neuland vorzutasten!

ELKE UHL

Lobpreisen will ich den Herrn
und mich freuen über Gott, meinen Retter.
Weil er ja zu mir sagt,
kann auch ich ja sagen zu dem,
was nicht »sehenswert« an mir ist.
Sein Handeln an mir lässt mich immer wieder staunen.
Sein Name ist: Ich bin da für euch.
Er schenkt sein Erbarmen allen, die ihm vertrauen.
Er kehrt die Maßstäbe dieser Welt um:
Die Hochmütigen zerstreut er,
die Machthaber entthront er
und hilft den Kleinen auf.
Denen, die sich nach ihm sehnen,
legt er sich in die leeren Hände;
die voll von sich selbst sind,
kann er nicht beschenken.
Er nimmt uns an, denn sein Erbarmen,
das er Abraham und allen Menschen
bis in Ewigkeit versprochen hat,
ist Mensch geworden
in unserem Erlöser Jesus Christus.

Magnifikat

ELISABETH HANDSCHUH

Der für mich leuchtet

Zärtlicher Gott
Du umfängst mich
ich spüre Dich
manchmal ganz deutlich,
fast greifbar
mit allen Sinnen
mit allen Fasern
manchmal nur als Hauch,
als Ahnung
manchmal schweigst Du
und verbirgst Dich.
Dann bleibt mir die Treue.
Zärtlicher Gott, Liebe-Gott, Feuer-Gott.
Gott, der für mich da ist,
für mich brennt,
mich wärmt, mir leuchtet.
Unfassbarer, unbegreiflicher Gott
und doch spürbarer Gott:
Lege von Deinem Brand in mich,
wirf Feuer in mein Erde-Herz,
bis ich ganz Feuer bin!

CHRISTINE ROTH

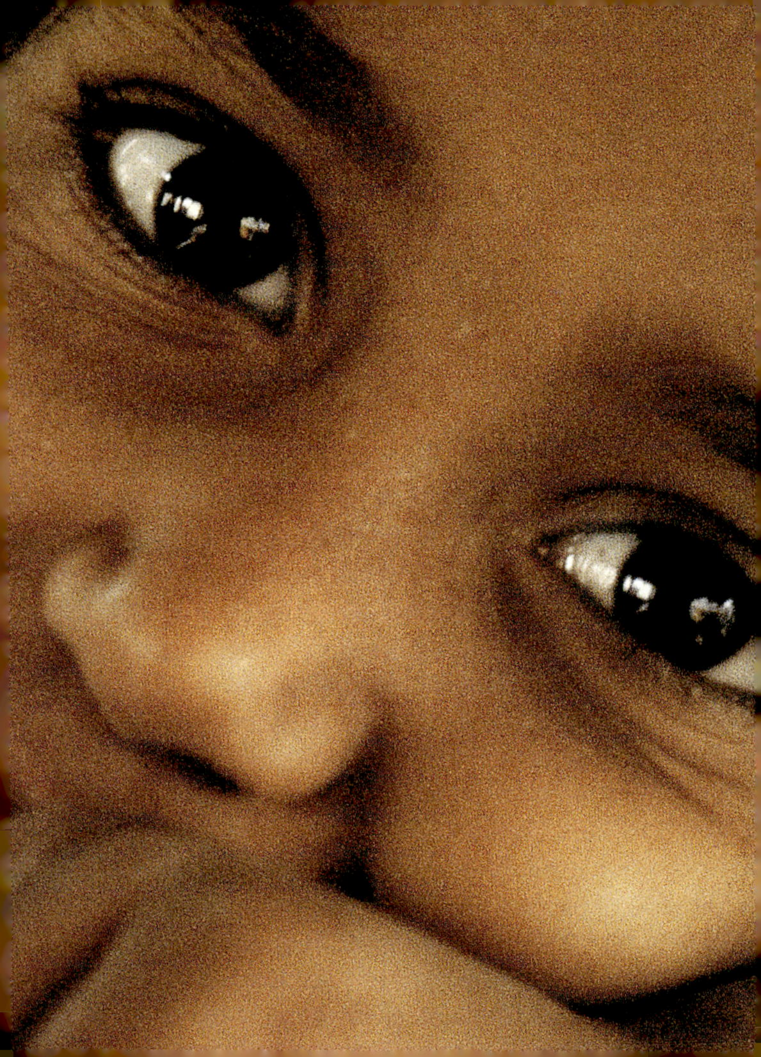

Ich lobe meinen Gott von ganzem Herzen …

Du schenkst mir die Freude an so vielen Kleinigkeiten,
an Begegnungen, Worten, Blicken.
Du schenkst mir das Gefühl des Angenommenseins,
des Geliebtseins von Dir und von den Menschen.
Danke, Gott!

Du kannst mir auch geben,
was ich so dringend suche:
Freiheit, die unendliche Freiheit
wie der Adler in der Luft
und doch das Getragensein von Dir.
Wärme und Geborgenheit,
das Sich-ganz-verzehren-Lassen
von Deiner Liebe
wie das Holz im Feuer.
Schutz und Sicherheit,
die Liebe bei Dir
wie beim Kind im Schoß seiner Mutter.

Hilf mir, mich so zu entdecken,
wie Du mich gedacht hast.

MONIKA ZOLLBRECHT

Vater

Papa * Vertrauen * Beziehung * Erzeuger * Mutter

unser

nicht allein * egoistisch * selbstsüchtig * Gemeinschaft * miteinander

im Himmel,

oben * blau * Engel * durchsichtig * wo * schwer vorstellbar * Glückseligkeit * Geborgenheit

geheiligt

Heil * ganz * gesund * heilen * heile Welt * Jubel * Ehrfurcht

werde dein Name,

kennen * Bekanntsein * Person *Du * vertraut * unbekannt * anonym

dein Reich komme,

welches * wann * endlich * heute * Gegenwart * wo * geistig * leiblich * König * irdisch * Glück * Reichtum * Vollendung * Erfüllung * Friede * himmlisch * neue »Welt«

dein Wille geschehe,

immer * wollen * begehren * Freiheit * Orientierung * Hilfe * Zusage * wünschen * wessen * wann * mein Wille

wie im Himmel, so auf Erden,

bei uns * unten * oben * Glück * Trauer * überall * immer * täglich * morgen * unbegrenzt

unser tägliches Brot

Nahrung * Eucharistie * Güterüberschuss * Hunger * Durst * ohne Ausnahme * Lebensnotwendiges * Liebe

gib uns heute,

bekommen * empfangen * Geschenk * Bitte * jeden Tag * immer neu * morgen * beanspruchen

und vergib uns unsere Schuld

Sünde * Leid * Tod * Irrtum * welche * Kränkung * Gewissen * Besinnung * Umkehr * Hoffnung * Reue * Befreiung * Geschenk

wie auch wir vergeben unseren Schuldigern,

wozu * Verbitterung * Egoismus * Gleichheit * Gerechtigkeit * verzeihen * versöhnen * Neuanfang * Gericht * Nächstenliebe * nachtragen * vergessen * Heilung * Verletzung

und führe uns nicht in Versuchung,

Verführung * Hilfe * Versuch * Teufel * erkennen * welche * leiten

sondern erlöse uns von dem Bösen

retten * lösen * herausführen * alle * heilen * gesund werden * Gute * besiegen * überwinden * befreien

unser

SABINE OTTO – ANITA REICHERT –
SR. FRANZISKA GEHRING

JESUS
SAVES

Das fertige Gebet

Gott, Du!

Fertig ist mein Gebet.

Aber kann all mein Beten zu Dir jemals fertig sein?

Wäre es nicht leichtfertig, zu glauben,

fertig zu sein mit Dir, mit mir?

Denn Du bist mit mir niemals fertig.

ELKE UHL

Fertig

Gott, hörst Du mich?

Ich bat Dich um Verschiedenes,
überlegte mir Gebete,
manchmal aus der Situation heraus,
manchmal vorgefertigte.
Ich bat Dich um so vieles,
und das sehr häufig.
Ich vertraute Dir alles an,
was mich beschäftigte
und belastete –
manches bis heute.

Ich glaubte, Du hörst mich nicht,
weil nicht alles so just erledigt war.

Mir wurde klar:
Du, Gott, nimmst unsere Sorgen nicht
wie ein Kellner als Bestellung auf.
Du, Gott, erfüllst mit Vorliebe jene Bitten,
die uns ein Stück näher zu Dir bringen …
… und weniger die anderen.

CARINA JOA

Du Gott der Lebenden und Toten

Du Gott der Lebenden, die wir oft wie tot sind.
Du Gott der Lebenden, die wir manches
und manchen totreden, totschweigen.
Du Gott der Toten, die von uns lebendig
begraben wurden, weil wir sie vergessen haben.
Du Gott der Toten, die wir niedergemacht
und ausgegrenzt haben, weil sie Schwäche zeigten.
Du Gott der Toten, die von uns nicht
entschuldet wurden.

Du Gott der Lebenden und der Toten,
belebe Du uns alle mit Deinem Atem,
Deinem Geist.
Damit wir aufstehn – auferstehn
in Deinem Namen und in Deinem Geist.
Amen.

ELKE UHL

Gott,

in mir und um mich herum ist so viel Nein

Du sagst zu mir ganz ja,

Gott,

in mir ist so viel Nein,

Du bist ganz nah,

Gott,

in mir ist so viel Nein,

Du bist ganz da.

UDO PABST

Credo

Ich glaube an Gott, den Vater,
der uns in Vielfalt erschaffen hat,
dass keiner dem andern gleicht.

Ich glaube an Jesus Christus,
der alle Menschen gerufen hat, ihm nachzufolgen,
ungeachtet ihrer Schwächen oder Stärken.

Ich glaube an den Heiligen Geist,
der uns so reich mit Gaben beschenkt hat,
jeden auf seine Weise.

Ich glaube an die Gemeinschaft der Christen,
die sich untereinander verbunden weiß, die liebt
und Einheit in Vielfalt leben will.

STEPHANIE RAMER

Geborgenheit bei Gott

Heitere Strahlen sind Dein Wesen,
Herr, wie die Sonne,
wenn der Tag anbricht.
In Deinen Augen leuchtet,
was Du uns versprichst:
Geborgenheit bei Dir.

CHRISTIAN HIES

Geborgenheit

First Holy

GOLD
TN 5

SILVER

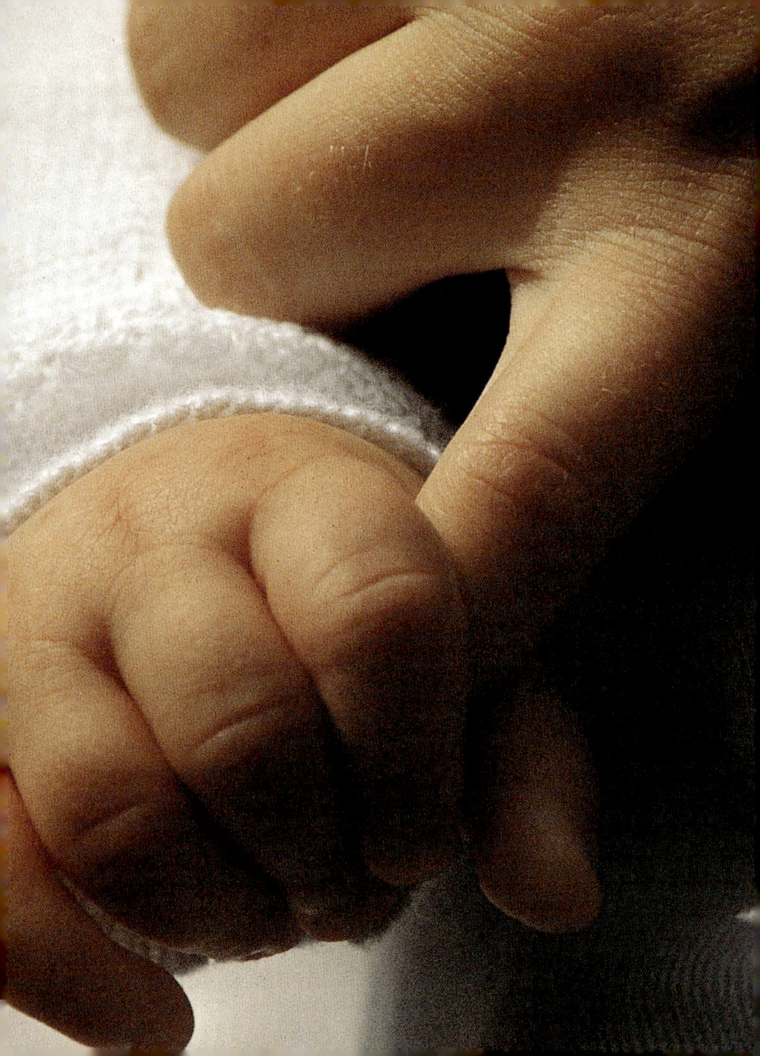

Bergende Hände

Hände, die tragen …
Hände, die trösten …
Hände, die helfen …
Hände, die nicht verletzen …
Hände, die niemals loslassen …

… Deine Hände, Vater.
In sie berge ich mich,
wenn Angst mich befällt,
wenn ich Geborgenheit suche.

Sie fangen mich auf,
wenn der Boden nachgibt,
wenn Hoffnung zerbricht,
wenn Liebe verdorrt.

Sie begleiten mich,
wenn alle Farben verblassen und alles grau in grau wird,
wenn die Welt ganz verloren scheint,
wenn sonst niemand mehr da ist.
… Deine Hände, Vater.

KATHRIN KARBAN

SPRITE

Wo bist Du, mein Vater-Gott?

Bin ich zu blind, zu taub oder zu kleingläubig?
Vater-Gott, bist Du neuer Anfang?
Du kamst zu uns und gingst den Weg durch Jesus Christus,
der sein Kreuz getragen hat.
Kannst Du verstehen, wenn ich mein Kreuz nicht tragen kann?
Vater-Gott, Du gingst mir voraus
den hoffnungsvollen, den verzweifelten Weg,
den Weg, der zum Tod führt.
Zerbrechlich und schutzlos stehe ich vor Dir,
fühle mich am Ende meiner Kraft.
Aufgeben?! Trägst Du mein Kreuz mit?
Angst, Schmerz und Verzweiflung lassen mich aufschreien
»Vater, Vater, warum hast du mich verlassen?«
Kreuz
Tod
Drei Tage im Grab
Auferstehung – Hoffnung
Bin ich schon tot oder lebe ich noch?
Bin ich Dir fremd oder ich mir selbst am meisten?
Lasse ich mich auferwecken?
Vater-Gott, bist Du neuer Anfang?

KATRIN KOLLE

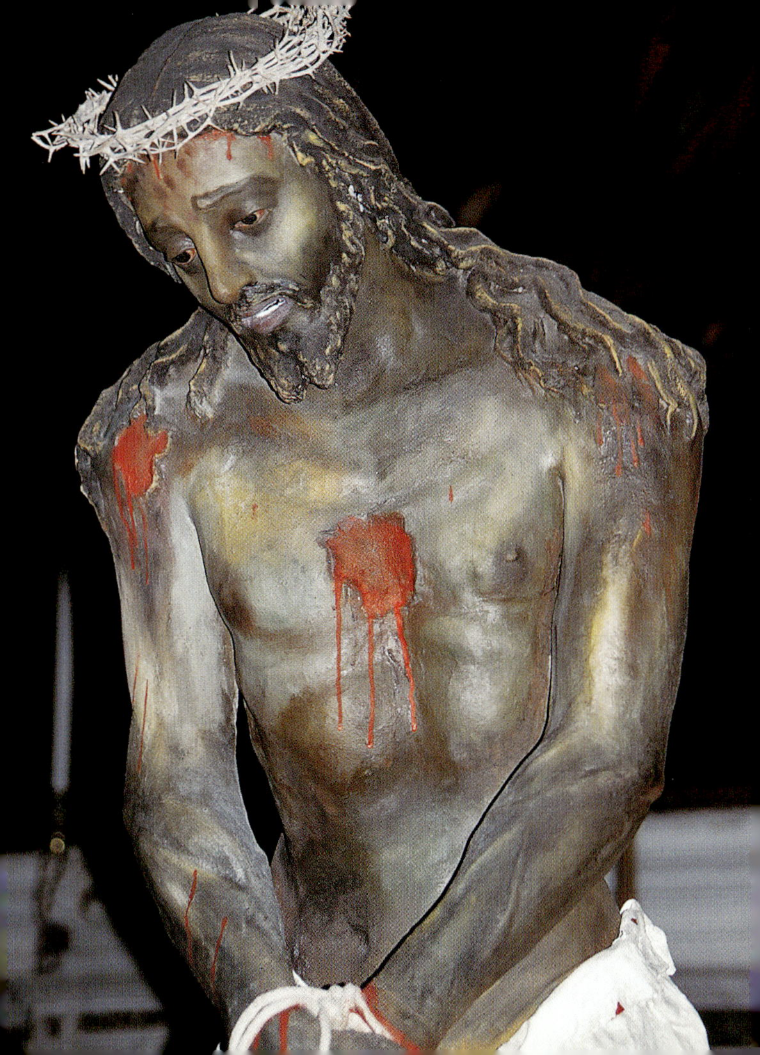

LAST S

Hoffnung

Du meine Frühlingssonne

Du hast mir Hoffnung
ins Herz gelegt

Jetzt lebe ich auf
beschenkt mit Deinen
strahlenden Blicken
und tanze
voller Freude
im Spiegel der Zeit

CHRISTIAN HIES

Ich denke an dich!

Ich denke an **Dich**
und weiß,
dass **Du** unerreichbar bist.

Ich denke an **Dich**
und weiß,
dass **Du** unfassbar bist.

Ich denke an **Dich**
und bin davon überzeugt,
dass es **Dich** gibt.

Ich denke an **Dich**
und hoffe,
dass **Du** immer bei mir bist.

Ich glaube an **Dich**
und würde am liebsten
jeden Menschen umarmen
und rufen:
»Schön, dass es dich gibt!«

DAGMAR HOFFMEIER

Visions of
Jesus

INRI

Ich sitze da –
und überlege:
Wer bist **Du** für mich?
Ich finde Worte,
die schön klingen –
Wärme
Heimat
Zuversicht
Liebe
Geborgenheit
recht nett.
Aber nur das
– bist **Du** nicht –
Du bist alles und nichts.
Du bist der **Da**-Seiende.

CORINNA FAHNROTH

JESUS
Forgives
& Heals

Herr, mein Gott, heute stehe ich vor Dir
mit vollen Händen und quälenden Fragen.

Wohin soll ich mit meinen Tränen?
Wohin mit meiner Angst?
Wohin mit meinen Fragen,
meinem Suchen nach dem Sinn, nach (m)einer Schuld?
Wohin mit meiner Sehnsucht,
doch zu sterben und Deiner Gnade zu entgehen?
Und wohin soll ich mit diesen Dingen, den Lebensscherben?
Sag – wohin?!

Herr, mein Gott, wo bist Du gewesen?
Bilder wie Schwerter – tief in meinen Leib gestoßen,
stecken noch und rosten vor sich hin – siehst Du sie nicht?!

Es ist ein Wunder, dass ich noch lebe.
Denn nicht meine Kraft und Stärke,
sondern Dein Suchen und Rufen:
»Komm zu mir, mein Kind, ich will dich heilen!«,
hat mich bewahrt.

KATRIN KOLLER

Mein Gott,

lass mich dankbar bleiben,

trotz des großen Leids,

das uns so oft überrollt.

Denn es gibt noch Gutes in der Welt.
Gott sei Dank!
Immer wieder schimmert es
unter der Schicht von drückenden
und erdrückenden Lasten hervor
und zeigt sich an Stellen,
an denen man es nicht vermutet hätte.
Du hast uns Menschen wohl doch noch nicht verlassen.
Gott sei Dank!

PIA FOIERL

Beach Control
EUR

JERUSALEM

Gebet nach der Kommunion

Ich will den Herrn lieben – mit ganzem Herzen.
Auch wenn ich dabei im Innersten aufgewühlt bin:
Ich will den Herrn lieben.

Ich will den Herrn lieben – mit ganzer Seele.
Not oder Angst brauche ich nicht zu empfinden.
Ich will den Herrn lieben.
Ich will den Herrn lieben – mit ganzer Kraft.
Stark will ich daran werden,
so dass niemand mich zu bezwingen vermag.
Ich will den Herrn lieben.

Auch meinen Nächsten will ich lieben.
Ich will ihn lieben wie mich selbst,
damit ich im Einklang leben kann:
ICH – DU – GOTT.

JULIANE GERL

Mein Gott, hast Du mich verlassen?
Oder erkenn ich Dich bloß nicht mehr?
In meinem Stress wurde der Platz
für Dich immer kleiner.
Immer seltener fand ich Zeit,
um Dich bewusst wahrzunehmen.
Denn da warst Du immer.
Wie ein treuer Begleiter,
dessen Stimme im Lärm der Zeit unterging.
Nur ich war nicht immer bereit,
Deine Stimme zu hören.
Oft kam ich vom Weg ab,
da es um mich herum so laut wurde,
dass ich Deine Weisung nicht mehr verstand.

Deine Stimme

BARBARA BERNDT

19

UPPER

Gebet – »kleiner Ruf, der in den großen Himmel dringt«

Bischof KLAUS HEMMERLE

Eine kleine Gebetsschule für junge Leute

Unfallfrei beten?

Gefragt nach seinem Verhältnis zu Gott und zur Kirche ließ Formel-1-Pilot RALF SCHUMACHER in einem Zeitschriften-Interview die Leser wissen: »Das Vaterunser kriege ich immer noch nicht unfallfrei hin.« Erstaunlich eigentlich und noch dazu goldrichtig, was der kleine »Schumi« da sagt: So wie man beim Autorennen verunglücken kann, so kann man auch beim Beten verunglücken, und beides ist wenig wünschenswert.
Wie kann das gehen - »unfallfrei beten«? Denn selbst, wenn Du es auch einige Male versucht hast, Du kriegst einfach, wie gelegentlich ein Formel-1-Fahrer beim Rennen, die Kurve beim Beten nicht.

Beten – lohnt sich das überhaupt?

Beten – klar, das willst Du – jedenfalls ab und zu. Doch ebenso klar ist, es gelingt Dir nicht bzw. nicht so, wie Du es eigentlich möchtest. Vermutlich fragst Du Dich: Beten – lohnt sich das überhaupt?
»Wenn et bedde sich lohnen däät, wat meinste wohl, wat ich dann bedde däät« (»Wenn das Beten sich lohnen täte, was meinst du wohl, was ich dann beten täte«) – so lautet der Titel eines Songs der legendären Kölner Rockgruppe BAP. Ja – wenn das Wörtchen »wenn« nicht wäre, wenn da nicht auch bei Dir wie bei WOLFGANG NIEDECKEN, dem Sänger dieser Gruppe, und bei all denen, für die er spricht, dieser Zweifel wäre, dass es sich eigentlich nicht lohnt zu beten, dann täte sie vielleicht doch klappen – die Sache mit dem Beten.
Doch vielleicht lohnt sich die Sache mit dem Beten ja doch. Menschen, die das so sehen, gibt es durchaus, so etwa jener Musiker, der über sich einmal sagte: »Wenn ich einen Tag nicht übe, merke ich es. Wenn ich zwei Tage nicht übe, merken es meine Freunde. Wenn ich drei Tage nicht übe, merkt es das Publikum.« Mir geht es ähnlich mit dem Beten: Wenn ich einen Tag nicht bete, merkt es Gott. Wenn ich zwei Tage nicht bete, spüre ich es selber. Wenn ich drei Tage nicht bete, spürt es meine Umgebung.
Wer so über sich spricht, der hat wohl erfahren, dass sich sein Beten lohnt, weil es spürbare Wirkungen zeigt – bei ihm selbst und in seiner Umgebung. Was das für spürbare Wirkungen sind,

sagt uns dieser Musiker nicht, doch die Wirkungen seines Betens dürften – alles in allem – wohl positiv sein.

Bring Dich und Dein Leben ins Gebet!

Beten ist Sprechen zu Gott, und das heißt eben auch: Gott alles sagen können, Gott alles sagen dürfen. Wer sich vor Gott zur Sprache bringt, der betet. Wenn Du also betest, darfst Du dabei alles einbringen, was Dir einfällt. Denn Gott ist der, zu dem Du mit allen Dingen Deines Lebens kommen kannst und darfst! Beginn Dein Gebet einfach, indem Du sagst: »Herr, da bin ich.«

»Herr, da bin ich,
mit den Dingen meines Lebens, die mir Angst machen,
doch auch mit den Dingen meines Lebens, die mir Spaß machen,
die mich ›high‹ sein lassen,
mit den Dingen meines Lebens, die mich ärgern und stören … «

Entscheidend ist, dass Dir die Dinge Deines Lebens Mal um Mal zu Dingen Deines Betens werden. Denn so nimmst Du Dein Leben buchstäblich ins Gebet. Was und wer auch immer Du bist: Bete mit Dir selbst zu Gott! Du kannst und Du darfst zu Gott alle Dinge Deines Lebens betend bringen, nichts musst Du da aussperren und aussparen. Gott kannst Du eigentlich alles sagen: selbst dass es Dir schwer fällt, an IHN zu glauben, zu IHM zu beten.

Erzähle betend! – Bete erzählend!

»Beten will gekonnt sein!« So lautet ein Satz aus dem Roman »Stiller«, den der bekannte Schweizer Schriftsteller MAX FRISCH geschrieben hat, und dass dieser Satz stimmt, weiß jeder, der einmal versucht hat zu beten. Beten ist eine Kunst, die ebenso »gekonnt« sein will wie etwa die Kunst zu lieben. Wer eine Kunst erlernen will, der muss sie einüben. Denn wie für jede Kunst gilt auch für die Kunst des Betens: Es ist noch kein Meister vom Himmel gefallen.

Vielleicht liegen diejenigen ja gar nicht so schief, die sagen: »Beten lernt man nur durch Beten.« So wird es auch für Dich das Beste sein, einfach einmal damit zu beginnen, vor Gott betend zu erzählen bzw. erzählend zu beten, was Dich beschäftigt – und sei es auch noch so banal oder noch so trivial.

Gott ist immer der, der »da« ist, wenn wir ihm etwas zu erzählen haben, ganz gleich, ob es ein Etwas ist, das uns beglückt, oder ob es ein Etwas ist, das uns bedrückt, oder was für ein Etwas auch immer. »Ich bin der ›Ich bin da‹ « (Ex 3,14) – durch diesen Satz hat Gott Mose und uns gesagt, wer ER ist. ER, Gott, ist der, der »da« ist. Das war Seine Zusage an Mose und das ist Seine bleibende Zusage an uns.

Weil Gott der »Ich bin da« ist, ist Er auch immer »da«, wenn Du Ihm betend erzählst, was Du auf dem Herzen hast. Denn was tust Du eigentlich, wenn Du erzählend zu Gott betest? Du tust etwas, was immer gut tut. Du schüttest Gott Dein Herz aus. Wer so zu Gott betet, dass er IHM sein Herz ausschüttet, gewinnt, wenn er das täglich tut, ein herzliches Verhältnis zu Gott, und gerade daraus lebt ein gutes Gebetsleben – ganz gewiss auch Deines.

Wer betet, wird fähig zur Liebe

Wo und wann Du wirklich betest, bleibt dies nicht ohne Wirkungen. Eine der spürbarsten Wirkungen Deines Betens wird die sein, dass Du als »Hörer« des Wortes Gottes dann auch zum »Täter« des Wortes Gottes werden wirst.
Gebete meinen es ernst mit der Veränderung der Welt, weil sie eine Veränderung des Beters bewirken. Gebete verändern unsere Welt, weil sie erst uns Beter und durch uns dann auch die Welt dem Willen Gottes entsprechend verändern. Wieder und wieder ist es so: Wer das »Herz-Werk« (RAINER MARIA RILKE) des Betens betreibt, betreibt dann bald auch das »Hand-Werk«, seine eigene Lebenspraxis auf den Willen Gottes auszurichten. Da Gott ja der »Liebhaber des Lebens« (Weish 11,26) ist, der will, dass wir Menschen ein Leben führen, das wir lieb haben können, tust Du den Willen Gottes, wenn Du Dich fragst, was Du da, wo Du lebst, dafür tun kannst, dass das Leben eines Menschen in Deiner Umgebung – überleg einmal, wer das (alles) eventuell sein könnte! – durch Deine Hilfe ein wenig lebens- und darum liebenswerter werden könnte. Rechne jedenfalls durchaus damit, dass Dein Gebet Dich Mal um Mal zu

einem tatkräftigen Handeln inspiriert!
Wenn Dein Gebet ein reifes Gebet ist, dann ist es auch stets ein Gebet, das Dich zur Tat drängt, das Dich tätig sehen will, und zwar so tätig, dass Du einem Menschen Gutes tun willst. Und Du darfst wissen: sooft Du einem Menschen Gutes tust, sooft liebst Du diesen Menschen. Dein Gebet befähigt Dich zur Liebe – und wenn es das tut, lohnt sich Dein Gebet doch allemal – oder?!
Von dem Pfarrer WILHELM BRUNERS gibt es ein Gedicht, das den bezeichnenden Titel »Warnung« trägt:

Erwarte nicht zuerst
dass deine Gebete
erhört werden.

Höre vielmehr
was sie von dir
erwarten.

Vielleicht wird unser Gebet in nicht wenigen Fällen gerade dann ge- und erhört, wenn uns bewusst wird, was unsere Gebete von Gott erwarten dürfen und was sie von uns erwarten müssen. Wenn Du damit beginnst, diese »Warnung« ernst zu nehmen und zu beherzigen, dann wird sich Dein Beten tatsächlich lohnen. In Deinem Beten bleibst Du dann nicht bei der Frage stehen, was *Gott* für *Dich* tun kann. Dein Beten stellt Dir jetzt auch die Frage, was *Du* für *Gott* tun kannst. Gott zählt auf Dich, denn das Gute, das ER für die Welt will, will ER auch durch *Dich* tun.

Freecall to Heaven – Gespräche zwischen Himmel und Erde

Wenn wir beten, tun wir etwas. Doch was tun wir eigentlich, wenn wir beten? Dem, der so fragt, ist zu sagen: Wenn Menschen beten, geht da buchstäblich »die Post ab«, und zwar die Post von der Erde zum Himmel. »Empfänger bekannt« kann als Anschrift auf dem Brief jedes Gebetes stehen, dessen Absender ein Erdenbürger ist. Denn was sind Gebete, wenn sie nicht Briefe sind, die als »Herz-Post« vom Herzen des Menschen kommen und zum Herzen Gottes wollen, des himmlischen Vaters aller Menschen?!

Gebete sind Gespräche zwischen Himmel und Erde. Die einzig richtige Gebetsrichtung ist und bleibt darum die Himmelsrichtung.

Richtig beten wir Menschen daher immer dann, wenn die Richtung unseres Betens stimmt. Und die stimmt, wenn wir unsere Herzen zum Himmel erheben. Wer wirklich beten will, der steige auf einen der Gipfel der Berge seines Herzens, denn diese Gipfel zu erreichen heißt jene Orte der Erde zu erreichen, die dem Himmel so nahe sind.

Die Erfahrung des Betens ist darum stets auch eine »himmlische« Erfahrung. Beterinnen und Beter haben etliche Male bezeugt, die Zeit des Betens als eine Zeit erlebt zu haben, in der

sie die Gewissheit beseelte: »Jetzt sind wir dem Himmel nahe.« Und sooft Menschen betend diese Himmelsnähe, die Gottesnähe ist, spüren durften, haben sie ihr Beten als gesegnetes Beten erfahren: »Jetzt ist uns der Himmel nahe.«
Als Beterin bzw. Beter kannst Du sicher sein: Gott ist stets in Deiner Rufweite – stets erreichbar für den Ruf Deines Gebets.
Da der Himmel Gottes ein offener Himmel ist, ist SEIN Himmel stets auch offen für den Ruf unseres Gebets. Die »Telekommunikation mit Gott« klappt eigentlich immer, denn SEIN Handy ist stets frei geschaltet und wartet geradezu auf unseren Call oder unsere SMS to heaven.

Ein »kleiner Ruf (Anruf), der in den großen Himmel dringt« – das ist Dein Gebet, wenn es das ist, was es sein kann.

BERNHARD SILL

Bibliografische Information Der Deutschen Bibliothek

Die Deutsche Bibliothek verzeichnet diese Publikation in der Deutschen Nationalbibliografie; detaillierte bibliografische Daten sind im Internet über http://dnb.ddb.de abrufbar.

Umschlaggestaltung: Atelier Lehmacher, Friedberg (Bay.)
www.lehmacher.de
Innengestaltung: Georg Lehmacher
Lektorat: Hans-Peter Lembeck
Druck und Bindung: Offizin Andersen Nexö Leipzig GmbH
Printed in Germany

ISBN 3-629-01085-7

www.pattloch.de